ALBUM

de

forain

H. SIMONIS EMPIS, Éditeur.

Album de Forain

Édition sur Papier de Chine tirée à 75 Exemplaires

Exemplaire N° 20

PARIS. — IMPRIMERIE BREVETÉE CHARLES BLOT, RUE BLEUE, 7.

ALBUM

de

forain

H. SIMONIS EMPIS, ÉDITEUR

2, Rue Cherubini, PARIS

PRÉFACE

Si l'on m'eût consulté sur le titre à donner à cet Album, pour lequel l'éditeur me demande une préface, j'aurais proposé : « La Forêt de Paris ».

Telle est bien en effet, malgré la verve et la fantaisie de Forain, ce merveilleux artiste, héritier direct de Gavarni, malgré son trait si net, si pimpant, la parisiennerie de son rire, telle est au juste la sensation que je viens d'avoir après une heure passée à feuilleter cette suite de quarante à cinquante dessins ; j'ai cru sortir de la forêt dantesque « obscure, et combien sauvage, et âpre, et épaisse, si amère que la mort l'est à peine davantage ».

Que Forain m'eût fait songer au Dante, voilà qui peut sembler surprenant. Mais il n'y a pas que Forain dans son livre, Paris y tient tout entier, le Paris moderne, d'en haut, d'en bas, Paris et ses terreurs, ses joies, ses vices, ses grimaces, tout un maquis humain fourmillant et grouillant, exploré par deux petits yeux noirs fureteurs et guetteurs, expérimentés mieux que nuls autres, car il est de Paris comme personne, ce Forain, et je vous promets qu'il la connaît, sa forêt, celui-là.

Objection probable de l'éditeur : « Je le trouve bien sombre, votre titre. » Eh ! précisément, c'est en cela qu'il me plaisait, soulignant le sérieux de l'œuvre, et corrigeant la gaminerie d'une légende ou le décolleté d'un dessin ; moins un titre qu'un avertissement, un bon *cave canem* à l'adresse de l'acheteur.

Je citais Gavarni tout à l'heure. Son nom, quand on parle de Forain, vient naturellement sous la plume. Ce n'est pas, certes, qu'il y ait chez notre ami l'ombre d'imitation ; les artistes de sa valeur, en pleine maturité de talent comme lui, n'imitent pas. Mais la parenté est incontestable. Pour l'aigu de l'observation, la concision du dessin et de la légende, cet art de condenser, de résumer dans un geste et dans une phrase, à la française, vingt pages de critique et de philosophie, Forain vient droit de Gavarni. Les dissemblances de leurs deux génies tiennent surtout à la différence des époques dont ils se sont faits les historiographes.

Un soir de l'hiver dernier, le romancier américain Henry James, une des plus subtiles, des plus hautes intelligences que j'aie rencontrées, devisant au coin de mon feu, constatait dans notre caractère national un changement sensible, surtout pour les étrangers, la disparition de ce qu'il voulait appeler l'amabilité française.

« Et depuis quand, mon cher James, lui demandais-je, vous semble-t-il que nous ayons perdu notre physionomie affable et légère?

— Depuis quand? » Le romancier chercha une minute... « Mettons Louis-Philippe... mil huit cent quarante... » me dit-il en hésitant un peu. Selon lui, il restait au Français de la Restauration un peu de la gentillesse, de la bonne grâce nationale. Quant aux motifs de cette transformation, Henry James ne se les expliquait pas. Et nous voilà à chercher ensemble pendant un moment.

« La prépondérance de l'argent... ne pensez-vous pas, James? la religion du Dieu Dollar, la France américanisée?...

— Américanisée?... oui, peut-être, » répondit l'Américain avec un sourire.

En cherchant mieux, il me parut plus sage d'attribuer la fuite de notre grâce légendaire à ce besoin de vérité, de réalité, à cet effort vers l'observation et l'expérience dont la France est tourmentée depuis bientôt un demi-siècle. Dans les lettres, dans les arts, cet irrésistible courant a marqué son large et profond sillage. La diplomatie elle-même, dernier refuge des belles façons de dire, des politesses conventionnelles et hypocrites, s'est trouvée prise, emportée dans le remous.

Mais je crois bien que nulle part comme en l'œuvre de Forain ne s'étale cette poussée de réalité farouche. Mettez en présence Gavarni, le Gavarni le plus âpre, le plus amer, celui des dernières années, assombri et malade, même sous les haillons de son Thomas Vireloque, vous trouvez quelque chose de bon enfant ou alors de tellement voulu, livresque, théâtral, que le frisson de terreur cherché n'est jamais atteint. Dans Daumier lui-même, existe-t-il rien de comparable au Forain que voici :

— *Maria, vite, vite, l'eau de mélisse et un sapin!*

Ceci chuchoté, râlé dans une entre-bâillure de porte par une femme à moitié nue, vue de dos, un dos luisant, glacial, implacable, un dos professionnel, tandis que derrière elle agonise, vautré de son long sur la carpette du boudoir et foudroyé d'un coup de sang, un vieil homme à face placide qui vous donne par tous ses traits, la coupe de sa barbe et de son pantalon, ses guêtres, ses bretelles, la vision de l'intérieur bourgeois cossu, ingénu, patriarcal, où l'on va le rapporter dans les pleurs et la désolation, — le drame du vieux Hulot, de Balzac, en deux figures et quatre mots. Mais avec quel art ces deux figures sont mises en place, dans quel subtil et précis compte-gouttes ont été filtrés ces mots : — *Maria, vite, vite, l'eau de mélisse et un sapin!* Tout y est, l'indifférence, le dégoût de la fille pour ce passant qui meurt sur sa bouche et de son baiser, sa hâte à se débarrasser de cette loque : — Qu'on ramasse ça dans l'escalier, sur le trottoir, mais pas chez elle, tu entends, Maria, pas chez elle!...

Et maintenant, si vous voulez vous rendre compte de la justesse avec laquelle les mots ont été triés, essayez de remplacer par fiacre, voiture, guimbarde, ce sinistre vocable de sapin qui sonne le cercueil et la mort, l'effet disparaît, — tout s'évente.

Encore une page de Forain, merveilleusement suggestive comme image et comme légende : — *Comment! t'es peintre...*

Celle-là, de prime vue, Gavarni aurait pu la signer.

Ramenée de quelque bal excentrique après un souper trop copieux, la fillette se dresse sur l'oreiller, écarquille ses yeux de faubourg, tout ébaubis de sommeil et de tant de tableaux aux murs, de tant de bibelots, d'oripeaux, de tentures. Dans son cri comme dans son regard moitié déçus, moitié ravis, on sent le mécontentement de la drôlesse qui avait cru trouver une belle affaire, et aussi parce que toute jeunette encore, son bonheur à l'idée qu'elle est chez un artiste et qu'on rigolera... Eh bien! non, en y songeant, elle ne pourrait pas être signée Gavarni, cette page-là.

De son temps, les peintres avaient comme un uniforme, portaient des cheveux et une coiffure à part; même dans le brouillard du champagne, la fille ne s'y serait pas trompée; tandis que de nos jours les artistes s'habillant, se coiffant comme tout le monde, et même mieux que bien des gens, elle a pu croire, la naïve enfant, qu'elle allait souper avec un fragment d'agent de change, un bookmaker ou quelqu'un de la politique... d'où l'effarement de son réveil : — *Comment! t'es peintre...*

Et comme intensité de terreur et d'horreur, croyez-vous que toute l'œuvre de Gavarni et même de Daumier nous fournirait un équivalent à la scène que Forain intitule tout simplement : *L'inconnu.*

La femme, une humble nocturne, se penche le bougeoir à la main pour ouvrir sa porte. Derrière, le collet retroussé, le haute forme sur les yeux, le rien qu'on voit de sa figure éclairée d'un reflet vacillant et fumeux qui en augmente le mystère, l'homme se tient tout droit, muet, solide et grand... Qui est-ce?... Philippe, Prado, Pranzini?... Et dans la posture de la misérable, dans le frisson de ses épaules resserrées et frileuses, la pâleur de son œil en coin, tout rond, se devinent l'angoisse et la terreur de tout ça... tout ça qu'elle a péché, qu'elle ramène, qui est là dans son dos, dans sa nuque...

Quand je vous disais qu'il n'y avait pas toujours de quoi rire dans l'admirable album de Forain et que le vrai titre à lui donner était : *LA FORÊT DE PARIS.*

ALPHONSE DAUDET.

COEURS SIMPLES

— ..... Garde-le pendant que j' vais au lavoir, mais *n'allez* pas trop loin !

— ..... Et le Pape?
-- Eul Pape? Je n'y couperai que quand j'y aurai entendu chanter la Marseillaise!

— Qu'est-c' qu'i' rest' de ta quinzaine?
— Rien. Actéon s'est trompé de *parcours !*

COEURS SIMPLES

— Toi, tu sais, tu vas écopper quand ton père saura que tu es retournée avec le même !

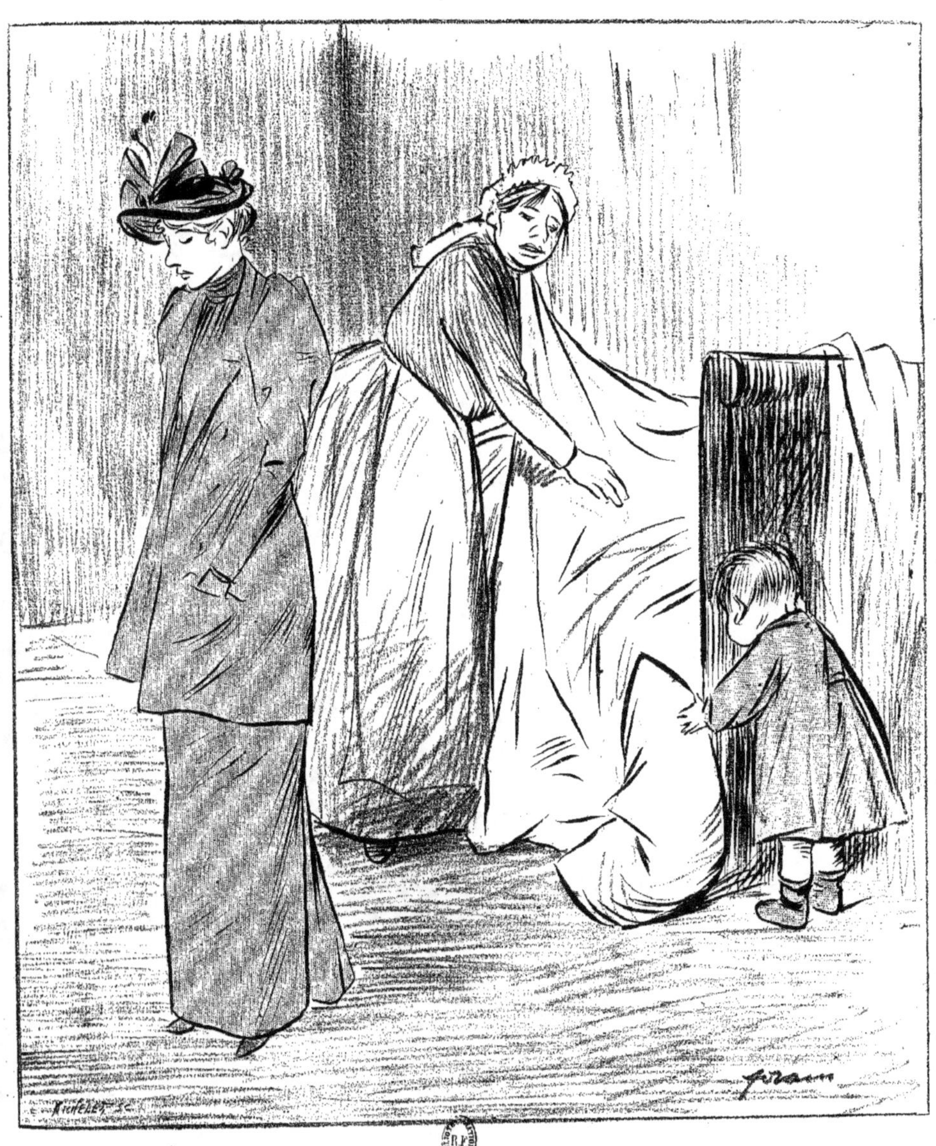

— Alors c'est fini, v'là qu' tu te r'mets à découcher... Tu sais pourtant bien que ton père *n'aime* pas ça!

— Si la vieille n'avait pas gueulé, j' t'en aurais apporté plus.
— Comme t'es chouett'....., mais j' veux pas qu' tu t'esposes!

— Eh bien! moi, j'y ai causé à ton cocher, salope! Sais-tu c' qu'y m'a dit? — Y m'a dit qu' t'étais une femme
entret'nue!...

— Y a-t'y un mandat ?

— ..... Comment, t'es peintre !!!

- Voyons, p'tit homme, si tu étais juste, tu comprendrais que ça n'est pas frusquée comme je suis, que j' peux
faire les Champs-Élysées.

— ...Ma petite Lili... tu vas me quitter... pourquoi ? Qu'est-ce qu'y t' manque donc ici !

— Y a qu'y m' dit qu' sa femme est trop souffrante pour m'emmener dîner ce soir, mais qu'y viendra dès que l'docteur sera venu.

— J' l'ai toujours dit à Madame : c'est un homme qu'a du cœur !

— Dites donc, Monsieur l'*ours*, j'espère bien après ça qu' vous allez m' payer un' voiture !

COEURS SIMPLES

— Pschutt! j'ai quelqu'un!
— Chouette!

— R'dis-le donc un peu, qu' j'aurais l'air d'un muff' en smoking !

— Oh, la la ! moi, un amant? pour qu'après celui-là, ça soye un autre !

-- Et lui, qu'est-ce qu'il en dit ?
— Il m'a dit qu'il m'épouserait si c'est un garçon !

— Oh, la la ! y fait rien froid dans tes gogu nots !

MODESTIE

— Tout le monde trouve que tu t'occupes de beaucoup trop de choses à la fois......
— Pardon, tu oublies Michel-Ange !

CHEZ L'HUISSIER

— Vous devez :... *commandement*, 7.55 ; *saisie-gagerie*, 13.05 ; *assignation en référé*, 7.55 ; *référé, ordonnance*, 10.95 ; *signification d'ordonnance*, 9.55 ; *signification de vente*, 7.55 ; *affiches*, 33.05. Le 17 octobre vous obtenez un sursis. Vous ne versez rien. Alors : *signification de vente* 7.55, affiches 33.05, ça fait 129 fr. 80, plus 37 fr. de principal. Ah ! j'oubliais le jugement qui se monte à....

— .... et c'était bien la peine de faire la sucrée avec mon commancitaire pour te coller avec un figurant!

MOEURS DE THÉATRE

— Elle a du talent, mais elle n'a *personne* et si vous voulez que votre fille ait *quelqu'un*, faut pas encombrer le foyer.

LES MATUVUS

— ..... On me l'disait hier encore : Sans votre « boulet », vous seriez à la Comédie-Française.

— ...... Une comtesse : non,.. baronne, la dernière !

— Je crains bien qu'elle ne puisse supporter l'opération.
— Oui, je le sais, mais que voulez-vous que j'y fasse, la femme m'est très recommandée !

— Ça n'est pas mal, mais vous n'êtes pas flattée !

— Maintenant me v'là inquiète..... j'ai eu tort de m' payer un nègre.

— Eh bien! oui, j'en ai eu des amants..... T'étais pas parti pour que j' te r'grette!...

L'inconnu.

— Sale métier, où on n' voit qu' des mufles !

— Tenez, Monsieur l' comte, vous êtes deux enfants... elle est jalouse, et vous un peu méfiant !

— Maria, vite, vite, l'eau de mélisse et un sapin !

SAINTE-MISÈRE

— On va vous donner deux francs.
— Deux francs ! Mais, monsieur, je viens de Vaugirard… et de votre bureau… on m'a renvoyé ici… et tout ça à pied !

— Pour une heure ?
— Oui, une heure.
— C'est dix francs, monsieur.

— Lyonel, je ne vous sentirai vraiment à moi, que quand vous ne fumerez plus et que vous cesserez de fréquenter des filles !...

— Si vous continuez à me raser toi et ta mère, je vous plaque pour aller vivre maritalement avec ma maîtresse.

— Nous avons eu tort d'ôter nos bottines ! — Y a pas d' tire-boutons !

— Pour moi, vos certificats sont insuffisants, mais je vais vous adresser à un de nos amis qui a besoin d'un ménage.

— Mon chéri, qu'est-ce que ta p'tite mère t'a recommandé ?
— De n' pas t'app'ler maman quand y a quelqu'un.

— Oui, mais alors vous n'aurez pas le drap d'argent ; vous n'aurez qu'un enfant de chœur et deux cierges.

DÉPLACEMENTS

Le site.

— Enfin ! on va donc pouvoir être tranquille !

DÉPLACEMENTS

— Ah ! mes enfants, c' qu'il doit faire chaud à la Pourse !

— Les v'là qui montent en fiacre avec Monsieur!
— Sûr que je n' me s'rais jamais douté qu' c'était des agents en bourgeois!
— En voiture! Si c'était nous, c' que nous aurions les menottes!

DÉPLACEMENTS

— Comme ça, sans ta barbe, je ne t'aurais jamais reconnu.
-- Qu'est-ce que les journaux disent ?
— On *coupe* dans ton suicide.

-- À Aix !!
— Qu'est-ce que vous voulez que j' vous dise, mon garçon, si a s'est tirée, c'est qu'elle a soupé de vot' fiole !

-- Vous voyez, nous ramenons Monsieur en France.
— C'était un banquier !

DÉPLACEMENTS

— Y a, y a, qu'il faut qu' tu r'montes au sixième. Ma femme revient demain avec les enfants.

— Non, monsieur l'comte, faut rentrer prendre votre bismuth.

LES VIEUX COCHONS

-- Puisqu'on vous dit que vos chaussures sont montées !

www.ingramcontent.com/pod-product-compliance
Lightning Source LLC
LaVergne TN
LVHW050842200726
843507LV00001B/380